Handwriting Without Te

My Journal

with narrow double lines

Aa Bb Cc Dd Ee Ff Gg Hh Ii

Jj Kk Ll Mm Nn Oo Pp Qq Rr

Ss Tt Uu Vv Ww Xx Yy Zz

Aa Bb Cc Dd Ee Ff Gg Hh Ii

Jj Kk Ll Mm Nn Oo Pp Qq

Rr Ss Tt Uu Vv Ww Xx Yy Zz

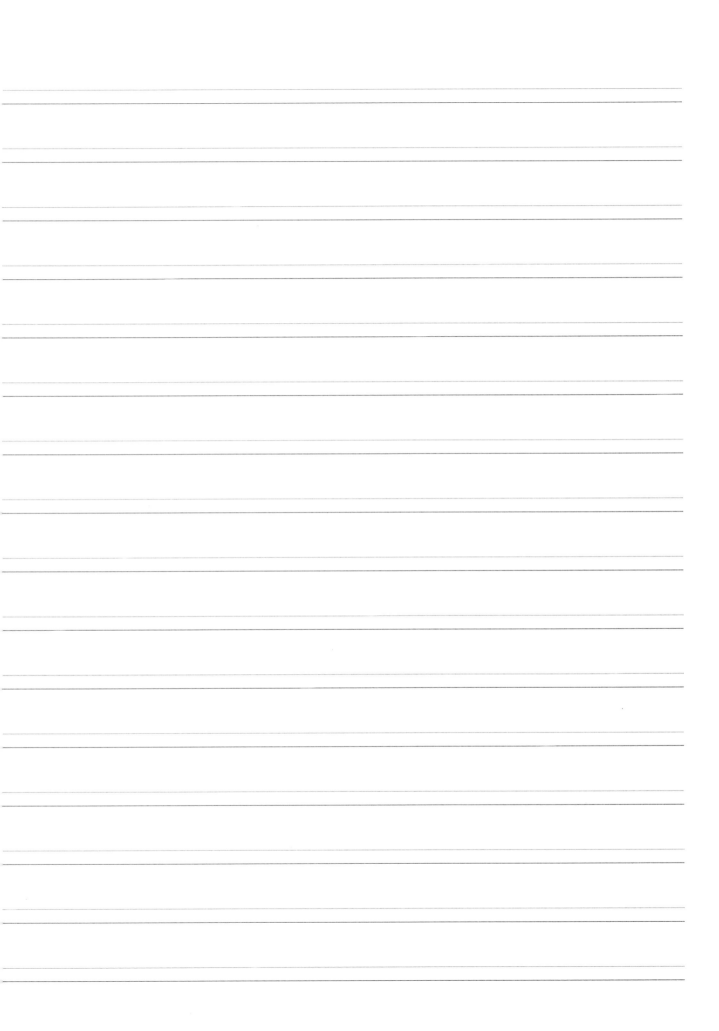